MÉMOIRE

Pour

S. A. R. Mgr. le Duc d'Orléans.

A MESSIEURS

LES MEMBRES DU CONSEIL DE PRÉFECTURE
DU DÉPARTEMENT DE LA SEINE.

MÉMOIRE

POUR

S. A. R. Mgr. LE DUC D'ORLÉANS,

CONTRE

MM. Langlacé, Guérhard, Duchanoy, Sellière, Beuvain, Prost fils, Jolliot, Beau jeune, Pitois, Poussier, Prost père, propriétaires à Puteaux;

M. Magnon propriétaire à Surêne;

MM. Lelièvre, Chenal, Martin, Hélitas, Riobé (Henry), Riobé (Jacques), Gautier, Heitz, Hugot (Henry), Savouret, Masson, Drouin, Durand, propriétaires à Courbevoie;

MM. Yver, Thiry, Escoffon père, François, Beaufumé, Fessard, propriétaires à Neuilly.

* * *

MESSIEURS,

*Lorsque, déterminé principalement par des considérations d'intérêt public, Mgr. le Duc d'Orléans avait consenti, en 1821,

I

à acquérir les îlots qui , à cette époque, existaient en amont et en aval du pont de Neuilly; lorsque depuis il était parvenu à délivrer le pays de ce voisinage dangereux, en se renfermant toutefois scrupuleusement dans les clauses de son adjudication , il était loin de supposer qu'il se fût préparé un procès , et que , s'armant un jour contre lui du service important qu'il avait rendu aux communes voisines , on imaginerait de vouloir le rendre responsable de prétendus dommages , qui , en les supposant réels , ne pourraient, dans tous les cas , être imputés qu'à des événemens imprévus et au-dessus des résistances humaines.

Il est à remarquer au surplus que ce soit après neuf ans d'une possession paisible que Mgr. le Duc d'Orléans soit ainsi attaqué dans le mémoire qui vient de lui être communiqué , et auquel nous nous proposons de répondre.

On s'est flatté apparemment d'égarer la religion du conseil de préfecture , en omettant de rappeler les circonstances qui ont précédé l'adjudication consentie à Mgr. le Duc d'Orléans , en dénaturant les conditions sous lesquelles elle a eu lieu, en supposant dans les actes ce qui n'y était pas ; mais , lorsqu'on connaîtra et ces faits et ces actes , on comprendra sans peine que S. A. R. ait dû voir avec quelque surprise l'étrange coalition formée contre elle, et qu'elle se soit bornée à faire répondre, à ceux qui la menaçaient d'une contestation judiciaire , que leurs plaintes ne lui semblant nullement fondées , elle ne pouvait les accueillir.

Ce n'est pas légèrement, dit-on, page 2 du mémoire, *mais après les plus mûres réflexions que des hommes paisibles se sont déterminés à porter devant l'autorité leurs réclamations contre un prince du Sang; ils ont été guidés par la plus impérieuse nécessité, celle de garantir leurs familles et leurs propriétés des désastres dont elles peuvent être tôt ou tard les victimes.*

Bientôt on verra à quoi se réduisent ces déclamations , et l'on pourra juger, si, au contraire, on ne s'est pas avisé de ce procès, parce qu'on y trouvait le prétexte de mettre en cause un prince qui, au surplus, dans cette circonstance, comme dans toutes les autres, n'a fait qu'user des droits qui lui appartenaient, et beaucoup plus dans l'intérêt général que dans le sien propre.

FAITS.

Les adversaires n'ont commencé le récit des faits qu'à partir de 1821, époque de l'acquisition faite par S. A. R. ; mais il est nécessaire de remonter plus haut, pour se fixer sur les motifs qui avaient engagé l'administration à vendre, et S. A. R. à acquérir les sept îlots dont il s'agit.

Lorsqu'en 1773, M. Perronnet construisit le pont de Neuilly, l'île de Puteaux, appartenant aujourd'hui à M. Sellière, joignait celle de la Grand-Jatte, propriété actuelle de Mgr. le Duc d'Orléans.

Ces deux îles n'en faisaient alors qu'une, et ce fut sur cette île que M. Perronnet éleva l'arche du milieu du pont. Ce fait, s'il était dénié, serait facilement attesté par de nombreux témoins. L'île dont nous venons de parler est même figurée dans une gravure fort ancienne, représentant le décintrement du pont de Neuilly, qui fut fait en présence du roi Louis XV et du Roi actuellement régnant. On y voit la Famille royale et d'autres personnes assistans à cette opération.

Ainsi, et ce premier point est important à retenir, à cette époque de 1773, l'arche du milieu se trouvait bouchée par l'île ; mais comme M. Perronnet avait cru devoir donner au pont une grande étendue, et qu'il avait fait construire cinq arches de quarante mètres chacune, il restait pour l'écoulement des eaux quatre arches entièrement libres, en tout cent soixante mètres, débouché qui, ainsi que nous le verrons bientôt, était plus que suffisant.

Toutefois, et le pont terminé, M. Perronnet, dans la vue de lui donner plus de grandiose, imagina de faire enlever la portion d'île existante, depuis la queue de celle actuelle de Puteaux, jusqu'à la tête de celle de la Grande-Jatte, qui appartenait alors à M. de Ste.-Foy ; on parvint, non sans peine, à faire disparaître cette portion d'île, et l'on obtint ainsi que la rivière coulât tout à la fois, par les quatre arches et par celle du milieu, c'est-à-dire sur une surface de deux cents mètres.

Mais bientôt, ce qu'on aurait dû prévoir arriva ; la nature plus forte que l'art reprit ses droits, et les eaux de la Seine se trouvant insuffisantes pour couvrir l'addition de lit que leur avait donné l'enlèvement de l'île, il se forma peu à peu à la place qu'avait occupée cette île, de petits ilots au milieu desquels les eaux demeuraient stagnantes, ce qui en faisait de véritables marécages.

Les villages de Neuilly et de Courbevoie ne tardèrent pas à ressentir les désastreux résultats de ce nouvel état de choses ; des fièvres et des maladies épidémiques affligèrent le pays. Au surplus, cette triste expérience ne fut pas perdue, et lorsque M. Perronnet fut chargé, plus tard, de construire le pont Louis XVI, sous lequel devait passer la même masse d'eau, et par conséquent de glaces que sous le pont de Neuilly, puisque la Seine ne reçoit aucun affluent entre ces deux ponts, cet ingénieur se garda bien de commettre la même faute, et ne donna aux arches que 28 mètres d'ouverture. Cinq arches de cette dimension furent construites, ce qui faisait, pour les eaux, un débouché de 140 mètres, et, par conséquent, de 60 mètres de moins qu'au pont de Neuilly.

Le pont Louis XVI avait été terminé en 1790, et comme il n'était résulté aucun inconvénient du rétrécissement opéré à ce point dans le lit de la Seine, on n'hésita point à adopter les mêmes dimensions pour le pont d'Yéna, qui fut élevé vingt ans plus tard. On ne construisit également à ce pont que cinq arches

(5)

de 28 mètres, en tout 140 mètres ; on fit même un remblai considérable pour combler la partie du lit de la Seine , qui se trouvait entre la grille du champ de mars et la culée de ce pont.

Vingt autres années se sont écoulées depuis la construction de ce nouveau pont, sans qu'aucun affouillement se soit fait remarquer dans ses piles non plus que dans celles du pont Louis XVI. Jamais l'écoulement , soit des eaux , soit des glaces, n'a produit le moindre embarras. Il était donc bien évident que, si 140 mètres suffisaient pour cet écoulement, à l'un et à l'autre de ces deux ponts, il devait en être de même à celui de Neuilly , et qu'ainsi, non seulement , il ne pouvait y avoir d'inconvénient à rétablir l'île qui existait en 1773 , sous la troisième arche de ce pont, mais que la force des choses devait amener à ce résultat , puisqu'à cet endroit le lit de la rivière était évidemment trop large.

La salubrité du pays d'ailleurs était intéressée au prompt rétablissement de cette île. La réunion des îlots et leur consolidation était, en effet , le seul moyen de faire disparaître les dépôts d'eau qui y croupissaient pendant l'été, et de mettre fin aux exhalaisons fétides et insalubres dont les habitans se plaignaient avec tant de raison ; aussi ce résultat était-il vivement sollicité.

On a dit, dans le mémoire pour les riverains (page 6), *qu'il eût été à désirer qu'on eût détruit ces attérissemens , comme on l'avait fait lors de la construction du pont de Neuilly ;* mais à quoi donc eût servi l'expérience déjà faite , si l'on eût dû persister dans la même faute ? N'est-il pas évident que le lit de la rivière se trouvant trop large pour le volume d'eau qui n'aurait point augmenté les mêmes attérissemens n'eussent pas tardé à reparaître , et qu'on eût été obligé , au bout de quelques années , de recommencer le même travail.

D'ailleurs , et sous un autre rapport , le rétablissement de l'ancien état des lieux importait à la commune de Neuilly.

En effet, depuis que l'on avait changé l'ancien lit de la rivière, les eaux lessivielles de la commune avaient continué à séjourner dans cet ancien lit, au grand détriment de la population, et non-seulement, il importait de les amener dans le petit bras de la Seine, mais il fallait, en même temps, aviser au moyen de donner un courant à ce petit bras, puisqu'autrement, on n'eût fait que changer la place de ce foyer de putréfaction.

Or, pour procurer à ces eaux lessivielles un écoulement facile, après qu'elles auraient été jetées dans le petit bras de la rivière, il n'y avait d'autre moyen que celui consistant à resserrer les eaux dans ce petit bras, au moyen de digues, qui les empêchassent de se précipiter dans le grand bras, en aval de l'île de Puteaux.

Ce fut dans ce double but que M. le maire de Neuilly adressa plusieurs réclamations à l'autorité supérieure; il signala, en outre, le danger de cet état de choses, à la princesse Borghèse, lorsqu'elle possédait et habitait le château de Neuilly, et cette princesse, frappée de la justice de ces réclamations, obtint, du chef de l'État, que des travaux considérables seraient entrepris sur-le-champ; plus de 80,000 fr. furent dépensés, soit pour amener à la rivière les eaux lessivielles qui séjournaient dans l'ancien lit, soit pour faire des digues propres à protéger l'écoulement des eaux dans le petit bras. Enfin, il paraît que la princesse Borghèse se proposait de joindre, à la propriété de Neuilly, les petits îlots qui ont, depuis, été acquis par S. A. R., et de parvenir ainsi à l'assainissement complet du pays.

Mais il était réservé à un autre de faire jouir la commune de ce bienfait. La restauration arriva; la princesse Borghèse quitta Neuilly, qui, plus tard, devint la propriété de Mgr. le Duc d'Orléans, par suite de l'échange qu'il fit de ce domaine avec ses écuries de Paris.

Plusieurs années s'écoulèrent pendant lesquelles les digues continuèrent à être entretenues aux frais de l'État ; mais , outre que ces digues ne remédiaient point à l'inconvénient résultant du voisinage des îlots , elles étaient trop faibles pour résister , et se trouvaient fréquemment emportées par les eaux ; d'un autre côté , l'administration , qui ne retirait des sept petits îlots , en amont et en aval du pont , qu'un fermage de 3o fr. environ , avait annoncé l'intention de les vendre et de ne plus se charger, à l'avenir, d'un entretien devenu trop onéreux pour elle. Le bruit courait même dans le pays , qu'un propriétaire des environs se proposait d'en devenir adjudicataire pour y établir une boyauderie.

Ce fut dans ces circonstances , que S. A. R. Mgr. le Duc d'Orléans fut invité à se rendre adjudicataire de ces sept îlots , dans le but de compléter leur atterrissement , seul moyen de les assainir , et en même-temps , de mettre les digues elles-mêmes à l'abri des atteintes des eaux.

S. A. R. n'ignorait pas que des travaux considérables seraient nécessaires pour arriver au but qu'on se proposait. Il ne s'agissait pas , en effet , seulement , pour celui qui consentirait à acquérir ces îlots , de rester chargé de l'entretien des digues , il fallait combler les marécages qui s'étaient formés dans ces îlots ; or , une dépense aussi considérable eût été impossible à la commune, et , d'un autre côté , les avantages que présentait une telle acquisition étaient hors de proportion avec les fonds qu'il fallait y verser; quel est le particulier qui eût consenti à faire cette dépense ? Mgr. le Duc d'Orléans n'hésita point ; il s'empressa de soumissionner ces îlots, dont l'adjudication lui fût consentie publiquement , le 3o octobre 1821 , après l'accomplissement religieux de toutes les formalités voulues par la loi.

Les conditions de cette adjudication furent insérées dans un cahier des charges. Nous n'avons pas à nous occuper de celles qui furent imposées à l'adjudicataire du terrain attenant à l'extrémité

d'aval de l'île de Puteaux. Ce fut M. Sellière qui acquit ce terrain, sur lequel il a fait des plantations, aussi bien que S. A. R.
sur le sien, sans qu'on ait pensé à lui en faire un grief. Il y a
mieux : M. Sellière est au nombre des réclamans.

Les sept îlots dont S. A. R. se rendit adjudicataire furent dé-
signés et limités par le cahier des charges ; on eut même le soin
d'annexer à ce cahier un plan, sur lequel ces îlots se trouvaient
figurés ; on n'excepta de l'adjudication qu'une portion de l'attérissement qui se trouvait en amont et en aval du pont.

Cette réserve fut ainsi exprimée au cahier des charges, art. 7 :
« Le Gouvernement se réserve la propriété absolue de la partie
« des îlots ou attérissemens compris entre deux plans verticaux
« parallèles à l'axe du pont, passant chacun par les paremens
« des dés extérieurs situés à vingt-cinq mètres cinquante - cinq
« centimètres des têtes de pont, et tracés par des lignes rouges
« sur le plan : néanmoins, l'acquéreur, pour communiquer des
« îles d'aval à celles d'amont, aura droit de passage sur le ter-
« rain dont la propriété est réservée à l'État. »

Mais, à l'exception de cette portion, sur laquelle, ainsi qu'on
le voit, un droit de passage était réservé à l'acquéreur, l'adjudication comprit non-seulement la totalité de ces îlots, mais encore
toute la portion du lit de la rivière qu'il fallait attérir pour la réu-
nir en une seule île compacte, telle que celle qui existe aujour-
d'hui ; et en effet, le cahier des charges porte textuellement : *le
tout, formant une superficie de deux hectares cinquante - huit
ares six centiares (sept arpens trente-sept perches) ou environ ;*
et, pour qu'il n'y eût point d'équivoque à cet égard, on traça,
sur le plan autour de ces îlots, des lignes en encre rouge. Tout
ce qui se trouvait renfermé dans ces lignes fit donc partie de
l'adjudication, et devint par conséquent la propriété incommu-
table de Mgr. le Duc d'Orléans.

Une seule condition fut imposée au prince : l'administration ne voulut pas que l'on pût combler le bras de rivière qui séparait l'île Puteaux des sept îlots, non plus que celui existant en aval de ces mêmes îlots et en amont de l'île de la Grande-Jatte; en conséquence, il fut stipulé, par l'art. 4, que, « afin de laisser un « libre débouché aux grandes eaux et aux glaces passant par-des- « sus ledit barrage (celui joignant l'île Puteaux à l'îlot n° 2), au- « cune plantation ne serait faite sur l'attérissement qui se forme « *en amont de* l'îlot n° 2 ; » et, par l'art. 6, « que l'acquéreur ne « favoriserait par aucun travail l'attérissement qui se forme *en* « *aval de l'îlot n° 8.* » Mais, à l'égard des îlots eux - mêmes, il n'y eut aucune prohibition de planter, et il eut même été contraire aux intentions de l'administration d'imposer une telle condition, puisqu'elle savait très-bien, que c'était le seul moyen de consolider ces îlots, et, par-là, de les assainir, en même temps qu'on en ferait un point d'appui pour les digues, dont la conservation importait si essentiellement à la commune de Neuilly.

Ainsi que nous l'avons déjà expliqué, ces digues étaient nécessaires pour retenir les eaux dans le petit bras, les empêcher de couler dans le grand, et entretenir dans ce petit bras un courant suffisant pour entraîner les eaux lessivielles qui y affluaient; aussi, par l'art. 5 du cahier des charges, eut-on grand soin de charger l'acquéreur de *les entretenir* ou *de leur substituer des le- vées produisant le même effet.*

Enfin, par l'art. 2, il fut dit que l'acquéreur serait tenu d'entretenir en bon état la moitié du barrage d'amont attenant à l'île de Puteaux, et, quoique l'entretien de l'autre moitié de ce barrage eût été imposé à M. Sellière, ce dernier a trouvé bon de laisser cette dépense entière à la charge de S. A. R., qui, au surplus, ne lui a jamais demandé d'y contribuer ; nous ne relevons ce fait en passant, que pour prouver que dans tout ceci

S. A. R. a eu principalement en vue l'intérêt général. Bientôt nous allons voir comment elle en a été récompensée.

Telles furent donc les conditions sous lesquelles Mgr. le duc d'Orléans se rendit adjudicataire des sept ilots, et il s'y est scrupuleusement conformé.

Les lignes rouges qui lui avaient été données pour limites ont été partout respectées. A l'aide de terres et de gravois rapportés à grands frais, on est parvenu à attérir les portions de l'ancienne île, que les eaux couvraient encore : les marécages ont disparu ; aux ilots infects qui désolaient le pays a succédé une île, qui ajoute à son agrément et à sa salubrité. Le cours du petit bras a été rendu plus rapide, tellement, qu'avant les travaux faits par Monseigneur, il ne pouvait y arriver aucuns trains, et que depuis on y a vu des besognes et autres bateaux de commerce. Enfin, l'ancien état de 1773 s'est trouvé rétabli, sans qu'il pût en résulter le moindre inconvénient, puisqu'il restait au pont de Neuilly quatre arches de quarante mètres chacune, c'est-à-dire, cent soixante mètres de débouché pour les eaux et les glaces, tandis qu'aux deux ponts de Louis XVI et d'Iéna, et pour un volume d'eau pareil, ce débouché n'est que de cent quarante mètres.

Cet état de choses durait depuis plusieurs années, et Mgr. le duc d'Orléans n'avait recueilli, des travaux considérables qu'il avait entrepris, que de justes actions de graces, lorsqu'un mémoire vient de lui être communiqué, dans lequel on l'accuse *d'avoir resserré le lit des eaux, restreint considérablement le lit de la rivière, forcé les eaux à se jeter sur les deux rives, et causé enfin des débordemens dangereux et nuisibles.* C'est huit ou neuf ans après l'adjudication consentie à S. A. R., c'est huit ans après que les travaux dont on se plaint ont été exécutés conformément à cette adjudication, que l'on imagine, pour la première fois, de faire un procès, quoique cependant il y ait eu depuis ce temps plusieurs débâcles.

Divers propriétaires sont signalés dans ce mémoire, comme ayant éprouvé de notables dommages, lors des deux débâcles qui ont eu lieu cet hiver, et il est à remarquer que plusieurs de ceux qui, dit-on, auraient eu à souffrir des travaux faits par S. A. R., ne figurent point au nombre des signataires, tandis que parmi ces derniers se trouvent divers habitans de Puteaux, de Courbevoie, de Neuilly, et même de Surêne, qui, de leur propre aveu, n'ont eu à se plaindre d'aucuns dégâts, et au nom desquels on se borne à manifester des craintes pour ce qui aurait pu arriver, si la débâcle de la Marne se fût opérée en même temps que celle de la Seine, et si les eaux étaient montées de quelques pieds de plus, comme, par exemple, en 1740, en 1802 et 1816.

Essayons d'apprécier à leur juste valeur les prétendus griefs des adversaires, et nous verrons bientôt si les dégâts dont ils se plaignent peuvent être en aucune manière attribués aux travaux faits par S. A. R.; il nous sera facile, au surplus, d'établir que les reproches qu'ils adressent à Mgr. le duc d'Orléans sont destitués de tout fondement, et que le prince s'est exactement renfermé dans les clauses de son adjudication.

DISCUSSION.

Il semblerait, à entendre les adversaires, que si la cinquième arche du pont de Neuilly, eût été complètement libre, il n'y eût eu débordement ni sur la rive droite, ni sur la rive gauche; suivant eux, ce serait à l'île, qui a été formée en amont et en aval du pont de Neuilly, qu'il faudrait attribuer le rejet des glaces, soit sur la propriété de M. Yver, soit sur les murs du sieur Beaufumé; enfin quelques caves paraissent avoir été inondées, et comme si ces divers accidens s'étaient manifestés en 1830 pour la première fois, ce sont les travaux faits en amont et en aval du pont de Neuilly qu'il faut en accuser; c'est évidemment vouloir attribuer à une circonstance qui leur est tout-à-fait étrangère des événemens dont la cause toute naturelle est facile à signaler.

L'expérience de tous les temps aurait dû apprendre aux réclamans, que le résultat nécessaire d'une débâcle, arrivant après une crue d'eau, est toujours de rejeter les glaces sur les deux rives, lorsque ces rives ne leur présentent point d'obstacle. La rivière en effet une fois sortie de son lit tend à se répandre à droite et à gauche, jusqu'à ce qu'elle soit arrêtée; c'est ce mouvement naturel des eaux et des glaces que l'on prévient dans les villes par des quais, et par des digues ou barrages, partout ou l'on désire être protégé; car, si les rives n'offrent aucune défense, il est bien clair qu'elles doivent être envahies par les eaux et par les glaces; et c'est ainsi qu'avant qu'il y eût un quai sur la rive qui longe les Champs-Élysées, cette promenade se trouvait couverte par les eaux, et la route de Paris à Versailles interceptée, quoique le pont d'Iéna n'existât point encore à cette époque.

Ces débordemens n'ont cessé, que lorsque des quais sont venus s'opposer à l'envahissement des eaux, et alors, quoique le pont d'Iéna fût construit et ne présentât aux eaux et aux glaces qu'un débouché de 140 mètres, la rivière renfermée dans ce lit artificiel a cessé de se répandre à droite et à gauche.

Mais partout ou des rives trop basses n'opposent aucune résistance, il tombe sous le sens qu'il doit y avoir submersion, et c'est par ce motif que les rives de la Seine entre le pont de St.-Cloud celui de Neuilly, aussi bien que les plaines d'Asnières, Villiers, Clichy, Saint-Ouen, sont sous l'eau, lorsqu'il y a crue extraordinaire; dira-t-on que c'est aux travaux faits par Mgr. le duc d'Orléans auprès du pont de Neuilly qu'il faut imputer ces diverses inondations; il est si vrai que ces inondations avaient lieu avant ces travaux, que tous les anciens murs qui longent la

route du pont de Neuilly à Saint-Cloud sont garnis de contre-
forts extérieurs pour les garantir des eaux et des glaces.

Quand bien même le pont de Neuilly eût présenté le débouché
libre et complet de ces cinq arches , cela n'eût pas fait que les
rives de droite et de gauche eussent été assez hautes pour se pré-
server de l'inondation; or, c'est là qu'est la cause du mal , il serait
dérisoire de la chercher ailleurs.

Il ne faut , en effet, que jeter les yeux sur le plan pour de-
meurer convaincu que l'île appartenant à S. A. R. étant beaucoup
moins large que celle de Puteaux qui la précède, ne peut exercer
aucune influence sur les rives de la Seine ; et il y a même contra-
diction dans les prétentions des adversaires , car il est bien évident
que si cette île avait pour résultat de rejeter les eaux sur l'une des
deux rives , ce serait parce qu'elle protégerait l'autre , tandis que
suivant le mémoire, les propriétaires des deux rives auraient également à se plaindre, ce qui est impossible.

L'île nouvelle de Mgr. le duc d'Orléans resserre beaucoup moins
le lit de la rivière que l'île de Puteaux, à laquelle elle fait suite, et
dont elle est pour ainsi dire la conséquence obligée; le rétablissement de cette île qui , ainsi que nous l'avons expliqué, existait
autrefois , était une nécessité, et les travaux faits par S. A. R. ,
sont parfaitement innocens des prétendus dommages qu'on leur
impute.

On a prétendu que les caves de la maison du sieur Beaufumé
avaient été inondées , et que le vinaigrier auquel il les avait louées
avait perdu les marchandises qu'il y avait placées ; mais qui donc
ignore que c'est le sort de presque toutes les maisons riveraines ,
lors des grandes crûes? qui ne sait que, notamment à Paris , les
caves du faubourg Saint-Germain , celles du Palais-Royal aussi
bien que celles des Tuileries, celles même de la place Vendôme ,
se remplissent d'eau dans l'hiver , sans que les propriétaires de

ces maisons aient jusqu'à présent imaginé de s'en prendre à personne ?

Un autre plaignant, signataire du mémoire, avait construit plus loin que le sieur Beaufumé des murs de clôture qui se sont trouvés dégradés ; mais n'était-ce pas le résultat nécessaire d'une crûe d'eau venant frapper sur des murs de construction nouvelle.

Quant à M. Yver, il ne peut ignorer sans doute qu'à la moindre crûe d'eau, le terrain dont il s'est rendu adjudicataire a de tout temps reçu les eaux du petit bras de la rivière ; d'ailleurs, sa plantation de saules n'a nullement souffert, comme on peut s'en convaincre.

Les sieurs Thiry, Escoffon, et François sont également au nombre des plaignans, et il sera facilement prouvé, que long-temps avant les travaux faits par S. A. R., les terrains dont ils sont propriétaires étaient couverts par les eaux, quand il y avait crûe extraordinaire.

Enfin, nous le demanderons, est-ce sérieusement que l'on a fait intervenir dans le mémoire, et le sieur Masson dont la maison est située sur la grande place de Courbevoye, et certes, à l'abri de toutes les atteintes de la rivière, et le sieur Magnon propriétaire à Surêne? en quoi, les travaux faits à Neuilly, pourraient-ils jamais causer le moindre dommage à des propriétés situées à près d'une lieue en amont.

Nous croyons avoir répondu aux divers griefs des réclamans, et signalé la véritable cause des dommages dont ils se plaignent ; il est temps d'arriver à la véritable question du procès.

Serait-il vrai que S. A. R. aurait fait, sur les îlots dont l'adjudication lui a été consentie, des travaux qu'elle n'aurait pas eu le droit de faire? C'est à ce point que nous réduirons la discussion, en faisant observer toutefois, que S. A. R. ne doit aux adversaires aucun compte de l'accomplissement des conditions qui lui ont été imposées, et que c'est à l'administration seule que Mgr. devrait ce compte.

On s'est beaucoup étendu dans le mémoire auquel nous repondons sur un principe que personne ne conteste, à savoir que les conseils de préfecture étaient compétens pour connaître de toute anticipation sur les rivières navigables, comme aussi pour ordonner la destruction des ouvrages qui auraient été faits sans autorisation sur un cours d'eau ; on a cité à cet égard un grand nombre d'autorités et de décisions ; mais au lieu de s'attacher seulement à établir un principe, on aurait dû essayer de prouver que c'était le cas d'en faire l'application à l'espèce. Or, quels sont les faits principaux que l'on a signalés ?

Ils se réduisent à trois :

1° Des plantations et augmentations auraient eu lieu, dit-on, sur l'attérissement N° 2, au mépris de la prohibition de l'art. 4 du cahier des charges ;

2° L'adjudicataire aurait également planté sur l'îlot N° 8, quoique cette faculté lui eût été interdite par l'art. 6 ;

3° Enfin, des travaux, des dépôts de matériaux, des plantations auraient été exécutés par les ordres du prince, dans l'espace de vingt-cinq mètres cinquante-cinq centimètres, dont cependant l'État s'était formellement réservé la propriété.

Quant aux deux premiers reproches, ils reposent évidemment sur une erreur de fait.

On a supposé dans le mémoire que les art. 4 et 6 du cahier des charges avaient imposé à l'adjudicataire la condition de ne pas planter sur les ilots N°ˢ 2 et 8 ; or, si on avait lu avec attention ces articles, on aurait vu que le cahier des charges se bornait à interdire à l'acquéreur la faculté de faire aucuns travaux propres à favoriser, d'une part, l'attérissement *qui se forme en amont de l'ilot* N° 2, et d'autre part, *celui en aval de l'ilot* N° 8. C'est donc *en amont et en aval* des îlots qu'il a été défendu de rien faire qui pût protéger l'attérissement; c'est en dehors des lignes rouges qu'il a été interdit de planter; mais, quant aux îlots eux-mêmes, et aux portions de terrains renfermées dans ces mêmes lignes rouges, non-seulement leur propriété n'a été soumise à aucune modification, ce qui suffirait pour que l'acquéreur ait pu y faire des plantations ; mais, ainsi que nous l'avons expliqué, c'est dans ce but que le prince s'était rendu acquéreur, puisque c'était le seul moyen de consolider ces îlots, de les assainir, et en même temps de protéger les digues elles-mêmes.

On reconnaîtra, apparemment, que S. A. R. n'eût jamais consenti à faire cette acquisition s'il eût fallu laisser ces îlots dans l'état où ils étaient avant 1821 ; en plantant sur les deux îlots N°s 2 et 8, le prince n'a donc manqué à aucune des conditions de son adjudication, et c'est en supposant, dans cette adjudication ce qui n'y était pas, que l'on a articulé ces deux premiers faits qui évidemment doivent être écartés. Il y a mieux, et quoique S. A. R. n'y fût obligée par aucune clause de l'acte d'adjudication, elle a fait enlever tous les attérissemens qui tendaient à se former au-delà des lignes rouges.

Quant au troisième grief, consistant à prétendre, d'une part, que Mgr. le Duc d'Orléans aurait fait des plantations dans la portion de l'île dont l'Etat s'est réservé la propriété; et, d'autre part, qu'il y aurait été déposé par ses ordres des tas de terre et de gravois; il n'y a de vrai que ce second fait.

A l'égard du premier, il est constant que S. A. R. n'a jamais fait aucunes plantations dans la portion dont elle n'est pas propriétaire. S'il existe quelques arbres sur ce terrain, il y étaient lors de l'adjudication.

Reste donc le fait unique des terres et amas de pierres qui, par les ordres du prince, ont, en effet, été déposés au commencement de l'hiver, pour servir à consolider l'île après qu'elle aurait été abandonnée par les eaux ; mais il est facile de se convaincre qu'il n'a pu résulter de ce dépôt momentané aucun inconvénient pour le passage des eaux et glaces, puisqu'elles ont eu les quatre arches, c'est-à-dire cent soixante mètres, et que cent quarante mètres leur avaient suffi au pont Louis XVI et au pont d'Yéna.

En résumé des quatre faits signalés par le mémoire des adversaires, trois sont inexacts, le quatrième indifférent, et ce qui reste prouvé, c'est que Mgr. le duc d'Orléans n'est point sorti des lignes qui lui avaient été tracées.

Le procès dès-lors est facile à juger, car si S. A. R. n'a fait qu'user des droits que lui donnait son adjudication, on ne concevrait pas qu'il pût en résulter le principe d'aucune action contre elle.

Mais nous espérons avoir démontré que la prétention des adversaires n'est pas seulement destituée de toute base légale, qu'il y a oubli, de leur part, des circonstances dans lesquelles Mgr. le duc d'Orléans a acquis ces îlots, et des motifs généreux qui l'ont déterminé à faire cette acquisition, ces travaux et cette grande dépense.

Au surplus, le mémoire des adversaires a été communiqué à l'administration des ponts-et-chaussées, et S. A. R. ne peut que se féliciter d'une mesure d'instruction dont le résultat sera sans doute de démontrer que leurs réclamations n'ont aucun fondement.

A. SCRIBE.

A. GUYOT, IMPRIMEUR DE S. A. R. Mgr. LE DUC D'ORLÉANS,
Rue Neuve-des-Petits-Champs, n° 37.